Vf 1616

INTERMEDE
DE
MARIONETTES,

Suivi d'un Combat Naval & d'un Siége de Ville, exécuté à la COUR devant MONSEIGNEUR LE DUC DE BOURGOGNE, au mois de Juin 1758, par le sieur Bienfait, seul Joüeur de Marionettes des Menus Plaisirs du ROI, pour le divertissement des ENFANS DE FRANCE.

A PARIS,
DE L'IMPRIMERIE

DE BALLARD, seul Imprimeur du Roi pour la Musique, & Noteur de la Chapelle de Sa Majesté, rue S. Jean-de-Beauvais, à Ste. Cécile, 1758.

Par exprès commandement de SA MAJESTÉ.

ACTEURS
DE L'INTERMÉDE.

POLICHINELLE.

LE COMPERE.

MADAME GIGOGNE.

L'Interméde est de la Composition du Sieur NAU.

INTERMÉDE
DE
MARIONETTES.

SCENE PREMIERE.

POLICHINELLE, LE COMPERE.

POLICHINELLE.

AIR: *Fanfare de St. Cloud.*

DE la gaieté, cher Compere,
Dans cet aimable séjour,
Notre petit sçavoir faire
Doit éclater en ce jour :
Pour mériter le suffrage
D'un Prince chéri des Dieux,
Allons, prenons bon courage,
Et nous n'en jouerons que mieux.

A ij

INTERMÉDE

LE COMPERE.

Tu as raifon, Polichinelle; mais as-tu bien véritablement ce courage que tu me recommandes ?

POLICHINELLE.

Il eft vrai, mon Compere, qu'on ne peut être plus pénétré que je le fuis de l'augufte préfence du Prince, vis-à-vis duquel j'ai l'honneur de paroître; mais fi je me livrois à la timidité que m'infpire l'éclat de cette brillante Cour, comment me feroit-il poffible de la divertir ?

LE COMPERE.

Eh bien, qu'une noble hardieffe fupplée donc à ton peu de talent.

POLICHINELLE.

Tu parles de talent?

DE MARIONETTES.

AIR. *Du haut en bas.*

Pour le talent,
C'est un grand Acteur qu'on appelle,
Par le talent
Un grand Acteur est amusant.
Mais un pauvre Polichinelle,
N'a que sa figure & son zèle,
Pour tout talent.

LE COMPERE.

Oh! ta figure, ainsi que ton jeu, demande beaucoup d'indulgence.

POLICHINELLE.

Aussi, j'espére que mon zèle me l'obtiendra.

(*s'adressant à* M. LE DUC DE BOURGOGNE.)

AIR. *Fille qui voyage en France.*

Vous dont l'auguste Naissance,
Nous fût un présent des Dieux,
Amour, espoir de la France,
PRINCE, accordez à mes vœux
Votre indulgence;
Mais je la lis dans vos yeux,
Et je commence.

INTERMÉDE

LE COMPERE.

C'est bien dit : commençons, & tâchons de mériter les bontés dont, Monseigneur veut bien nous honorer.

SCENE II.

POLICHINELLE *entrant avec* Madame GIGOGNE.

Air. *Ces braves Insulaires.*

Pour le Duc de Bourgogne,
Dansons, sautons, Madame Gigogne,
Pour le Duc de Bourgogne,
 Remuons comme il faut
 Le gigot, le gigot, le gigot.

Me. GIGOGNE *s'arrêtant au milieu du Théâtre.*

POLICHINELLE *continue.*
 Quoi ! vous cessez si-tôt,
 Allons, encore un saut.

Me. GIGOGNE *criant.*
Ahi, ahi, ahi !

LE COMPERE.

Polichinelle, ta Femme te donne des Enfans, mais il ne t'en coûtera pas de Layette, à ce que je vois.

POLICHINELLE *s'approchant de la Fille de Madame Gigogne.*

Elle est vraiment gentille.

(*la voyant accoucher.*)

Elle est...... déja...... Mere de Famille,
Bon, de fil en aiguille,
Tout à coup me voilà,
Grand Papa, grand Papa, grand Papa,

(*Après que Dame Gigogne a fait tous ses Enfans.*)

POLICHINELLE.

Sur le même air.

Mais quelle pepiniére !....

(*Au* PRINCE.)

PRINCE, voilà la Famille entiere.
Permettez qu'elle espére

Pouvoir à l'avenir,
Vous servir, vous servir, vous servir,
Nous brûlons du défir
De vous appartenir :
Cette joyeuse bande,
A vous se donne, & se recommande ;
Notre espérance est grande ,
Il n'est rien de si bon
Qu'un BOURBON, qu'un BOURBON, qu'un BOURBON.

COUPLET

Pour annoncer le Combat naval & le Siège.

POLICHINELLE.

Air. *Du Vaudeville d'Épicure.*

UN léger tableau de la Guerre,
PRINCE, va s'offrir en ce lieu;
De Combats, sur Mer, & sur Terre
L'image ne sera qu'un jeu.

Tout en vous annonce & présage,
Qu'un jour un courage indompté,
Ne se fera qu'un badinage,
Même de la réalité.

REQUÊTE
DE POLICHINELLE
A M. LE DUC
DE BOURGOGNE.

Auguste rejetton du meilleur de nos Rois,
Et digne Fils d'un Prince adoré de la France,
Je reparois ici pour la seconde fois ;
D'y revenir encor je conçois l'espérance,
Mes peres ont jadis diverti vos Ayeux ;
En Vous, que leur bonté se renouvelle ;
Heureux ! si vous disiez, satisfait de nos Jeux,
Je ne veux que Bienfait pour mon Polichinelle.

(*au Compere.*)
Ah ! mon cher Compere.

Air. *Ne v'là-t'il pas que j'aime.*

Que mon cœur seroit réjoui !
Et pour nous quelle Fête !
Si le Prince répondoit, *oui* ;
A mon humble Requête.

DE MARIONETTES.

Air. *Trois Enfans gueux.*

Ah ! je l'entens ce oui, ce oui charmant,
Qui comble enfin ma plus douce espérance,
Et tout mon cœur dans cet heureux moment,
Ne peut suffire à ma reconnoissance.

F I N.

www.ingramcontent.com/pod-product-compliance
Lightning Source LLC
Chambersburg PA
CBHW060520050426

42451CB00009B/1077